Impressum
Verlag: BABADADA GmbH, Nedderfeld 112 , 22529 Hamburg
Geschäftsführer / Verlagsleitung: Harald Hof
Druck: Books on Demand GmbH, In de Tarpen 42, 22848 Norderstedt

Imprint
Publisher: BABADADA GmbH, Nedderfeld 112 , 22529 Hamburg, Germany
Managing Director / Publishing direction: Harald Hof
Print: Books on Demand GmbH, In de Tarpen 42, 22848 Norderstedt, Germany

școală
Szkoła

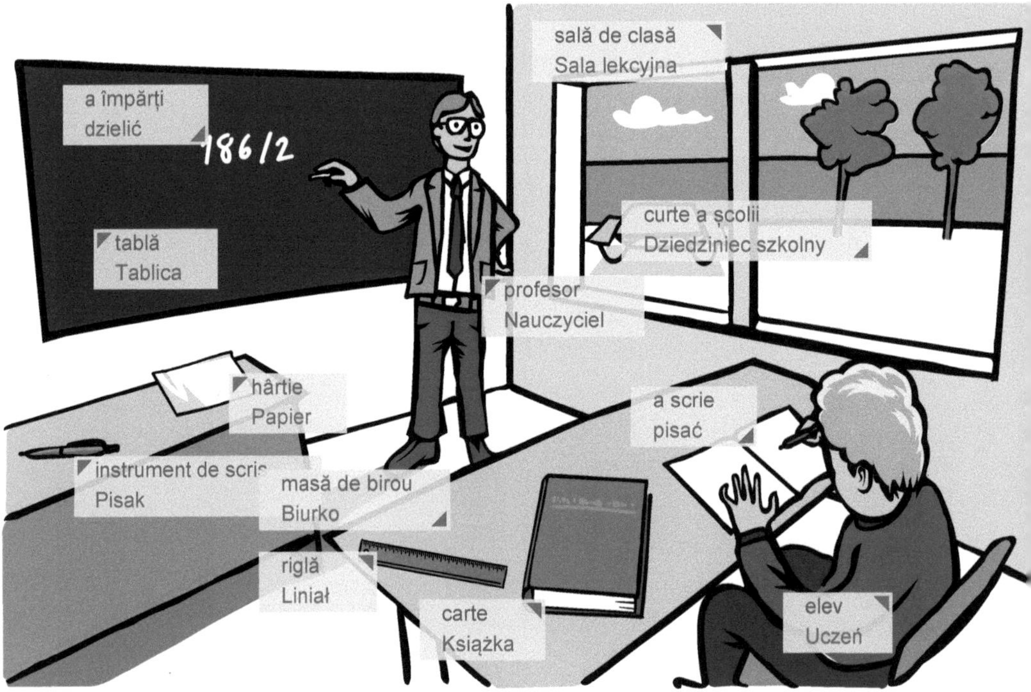

sală de clasă
Sala lekcyjna
a împărți
dzielić
186/2
tablă
Tablica
curte a școlii
Dziedziniec szkolny
profesor
Nauczyciel
hârtie
Papier
a scrie
pisać
instrument de scri
Pisak
masă de birou
Biurko
riglă
Liniał
carte
Książka
elev
Uczeń

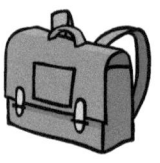

ghiozdan

Plecak szkolny

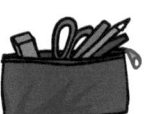

penar

Piórnik

creion

Ołówek

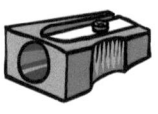

ascuțitoare

Temperówka

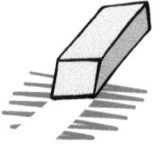

radieră

Gumka do mazania

bloc de desen

Blok rysunkowy

desen

Rysunek

pensulă

Pędzel

cutie de acuarele

Pudełko z akwarelami

foarfece

Nożyce

lipici

Klej

caiet de exerciții

Książka do ćwiczenia

temă

Zadanie domowe

12

număr

Liczba

2+2

a aduna

dodawać

5-2

a scădea

odejmować

2×2

a multiplica

mnożyć

a calcula

liczyć

A

literă

Litera

ABCDEFG HIJKLMN OPQRSTU VWXYZ

alfabet

Alfabet

cuvânt

Słowo

text
Tekst

a citi
czytać

cretă
Kreda

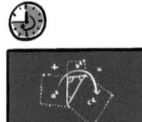

oră
Godzina

catalog
Dziennik lekcyjny

examen
Egzamin

certificat
Świadectwo

uniformă şcolară
Mundurek szkolny

educaţie
Wykształcenie

enciclopedie
Leksykon

universitate
Uniwersytet

microscop
Mikroskop

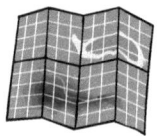

hartă
Mapa

coş de gunoi
Kosz na odpadki

călătorie
Podróż

hotel
Hotel
Grand
hostel
Schronisko
ROOMS
EXCHANGE
casă de schimb valutar
Kantor wymiany walut
valiză
Walizka
autovehicul
Auto

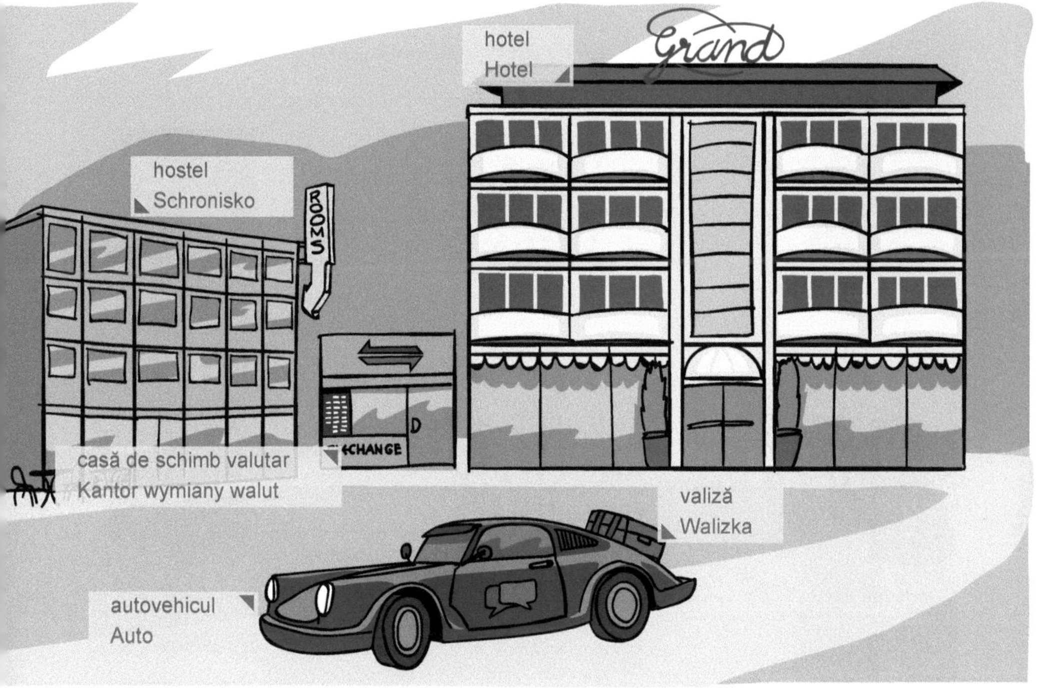

limbă
Język

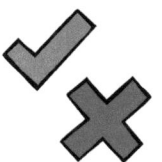

da/nu
tak / nie

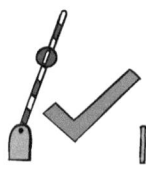

okay
OK

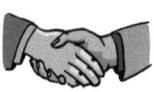

Bună!
Halo

interpret
Tłumacz

mulțumesc
Dziękuję

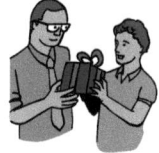

Cât costă...?

Ile kosztuje ...?

Nu înțeleg

Nie rozumiem

problemă

Problem

Bună seara!

Dobry wieczór!

Bună dimineața!

Dzień dobry!

Noapte bună!

Dobranoc!

la revedere

Do widzenia

direcție

Kierunek

bagaj

Bagaż

geantă

Torba

rucsac

Plecak

oaspete

Gość

cameră

Pokój

sac de dormit

Śpiwór

cort

Namiot

punct de informare turistică
Informacja turystyczna

plajă
Plaża

carte de credit
Karta kredytowa

mic dejun
Śniadanie

masa de prânz
Obiad

cină
Kolacja

bilet de călătorie
Bilet

lift
Winda

timbru poştal
Znaczek na list

graniţă
Granica

vamă
Cło

ambasadă
Ambasada

viză
Wiza

paşaport
Paszport

transport
Transport

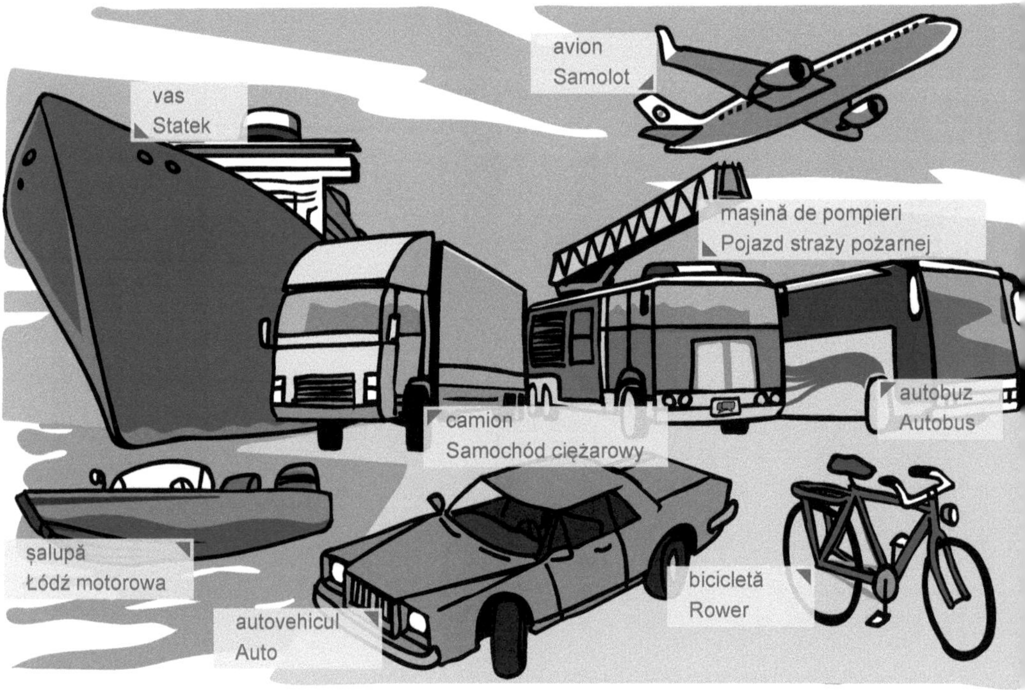

vas
Statek
avion
Samolot
mașină de pompieri
Pojazd straży pożarnej
autobuz
Autobus
camion
Samochód ciężarowy
șalupă
Łódź motorowa
bicicletă
Rower
autovehicul
Auto

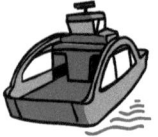

feribot

Prom

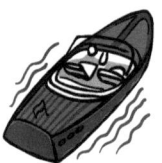

barcă

Łódź

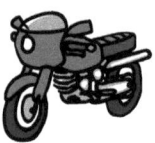

motocicletă

Motocykl

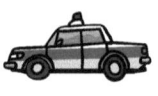

mașină de poliție

Radiowóz policyjny

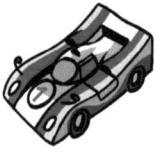

mașină de curse

Samochód wyścigowy

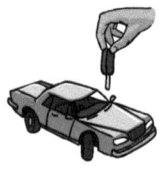

mașină închiriată

Samochód wypożyczony

car sharing

Wspólne przejazdy samochodem

mașină de tractat

Samochód pomocy drogowej

mașină de gunoi

Śmieciarka

motor

Silnik

combustibil

Benzyna

benzinărie

Stacja benzynowa

semn de circulație

Znak drogowy

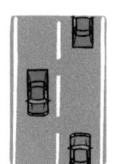

trafic

Ruch

ambuteiaj

Korek

parcare

Parking

gară

Dworzec

șine

Szyny

tren

Pociąg

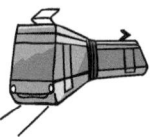

tramvai

Tramwaj

vagon

Wagon

elicopter

Helikopter

aeroport

Lotnisko

turn

Wieża

pasager

Pasażer

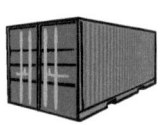

container

Kontener

carton

Karton

căruță

Taczka

coș

Kosz

a decola/a ateriza

startować / lądować

oraș

Miasto

sat

Wieś

centru

Centrum miasta

casă

Dom

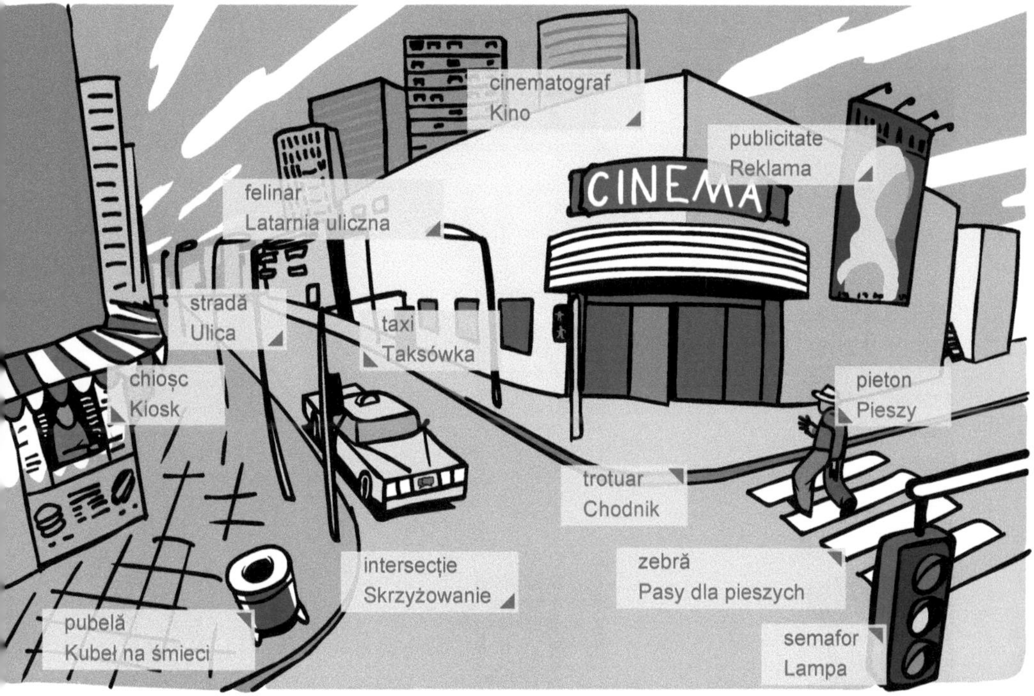

cinematograf
Kino

publicitate
Reklama

felinar
Latarnia uliczna

strada
Ulica

taxi
Taksówka

pieton
Pieszy

chiosc
Kiosk

trotuar
Chodnik

intersecție
Skrzyżowanie

zebră
Pasy dla pieszych

pubelă
Kubeł na śmieci

semafor
Lampa

cabană

Chata

apartament

Mieszkanie

gară

Dworzec

primărie

Ratusz

muzeu

Muzeum

școală

Szkoła

oraș - Miasto

universitate

Uniwersytet

bancă

Bank

spital

Szpital

hotel

Hotel

farmacie

Apteka

birou

Biuro

librărie

Księgarnia

magazin

Sklep

florărie

Kwiaciarnia

supermarket

Supermarket

piață

Rynek

magazin universal

Dom towarowy

comerciant de pește

Sklep z rybami

centru comercial

Centrum handlowe

port

Port

parc

Park

bancă

Ławka

pod

Most

trepte

Schody

metrou

Metro

tunel

Tunel

stație de autobuz

Przystanek autobusowy

bar

Bar

restaurant

Restauracja

cutie poștală

Skrzynka na listy

tăbliță indicatoare cu
numele străzii

Tabliczka z nazwą ulicy

parcometru

Parkometr

grădină zoologică

Zoo

piscină

Łaźnia

moschee

Meczet

gospodărie țărănească
Gospodarstwo chłopskie

poluare
Zanieczyszczenie środowiska

cimitir
Cmentarz

biserică
Kościół

loc de joacă
Plac zabaw

templu
Świątynia

peisaj
Krajobraz

frunză
Liść

indicator
Drogowskaz

drum
Droga

pajiște
Łąka

piatră
Kamień

copac
Drzewo

drumeț
Wędrowiec

râu
Rzeka

iarbă
Trawa

floare
Kwiat

vale
Dolina

deal
Góra

lac
Jezioro

pădure
Las

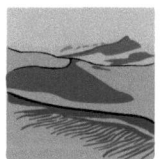

deșert
Pustynia

vulcan
Wulkan

castel
Zamek

curcubeu
Tęcza

ciupercă
Grzyb

palmier
Palma

țânțar
Komar

muscă
Mucha

furnică
Mrówka

albină
Pszczoła

păianjen
Pająk

gândac

Chrząszcz

broască

Żaba

veveriță

Wiewiórka

arici

Jeż

iepure

Zając

bufniță

Sowa

pasăre

Ptak

lebădă

Łabędź

porc mistreț

Dzik

cerb

Jeleń

elan

Łoś

dig

Tama

turbină eoliană

Wiatrak

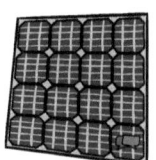

panou solar

Moduł solarny

climă

Klimat

restaurant
Restauracja

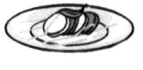

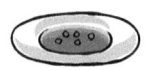

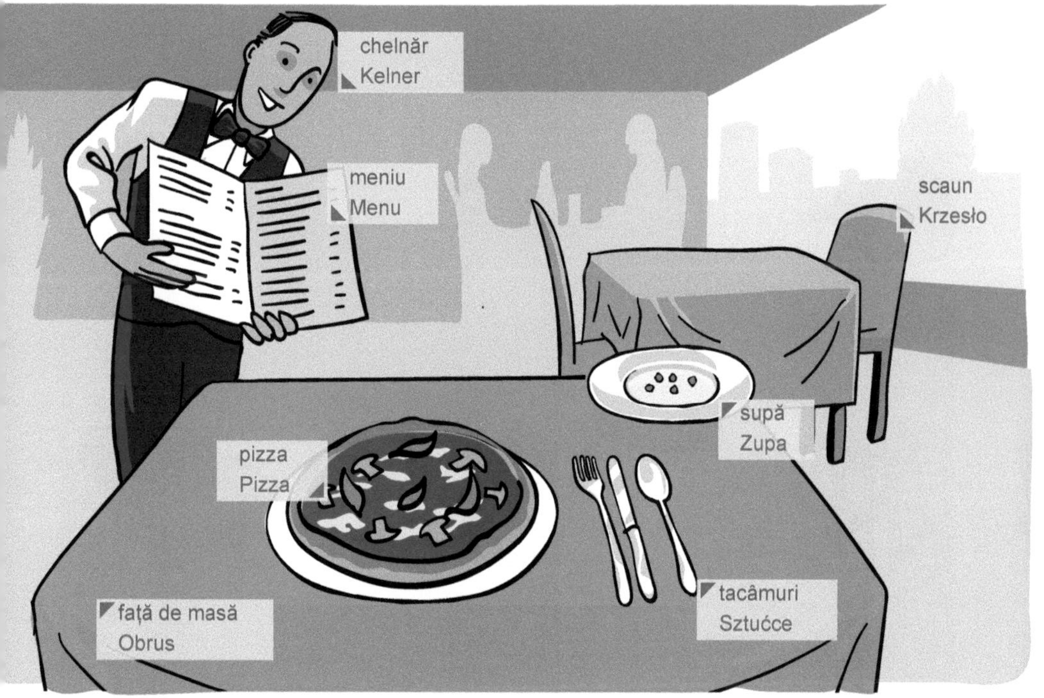
chelnăr
Kelner
meniu
Menu
scaun
Krzesło
supă
Zupa
pizza
Pizza
față de masă
Obrus
tacâmuri
Sztućce

antreu

Przystawka

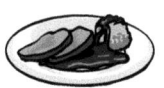

fel principal

Danie główne

desert

Deser

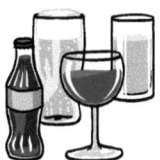

băuturi

Napoje

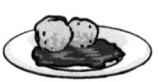

mâncare

Jedzenie

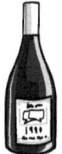

sticlă

Butelka

fastfood

Fastfood

streetfood

Streetfood

ceainic

Dzbanek na herbatę

zaharniță

Cukierniczka

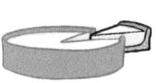

porție

Porcja

espressor

Zaparzarka do espresso

scaun înalt (pentru copii)

Krzesło dla dziecka

factură

Rachunek

tavă

Taca

cuțit

Nóż

furculiță

Widelec

lingură

Łyżka

linguriță

Łyżeczka

șervețel

Serwetka

pahar

Szklanka

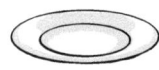

farfurie

Talerz

farfurie de supă

Talerz do zupy

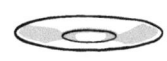

farfurie

Podstawek pod filiżankę

sos

Sos

solniță

Solniczka

râșniță de piper

Młynek do pieprzu

oțet

Ocet

ulei

Olej

condimente

Przyprawy

ketchup

Keczup

muștar

Musztarda

maioneză

Majonez

supermarket
Supermarket

ofertă
Oferta
FOR
client
Klient
produse lactate
Produkty mleczne
fructe
Owoce
cărucior de cumpărături
Wózek sklepowy

BUTCHERS

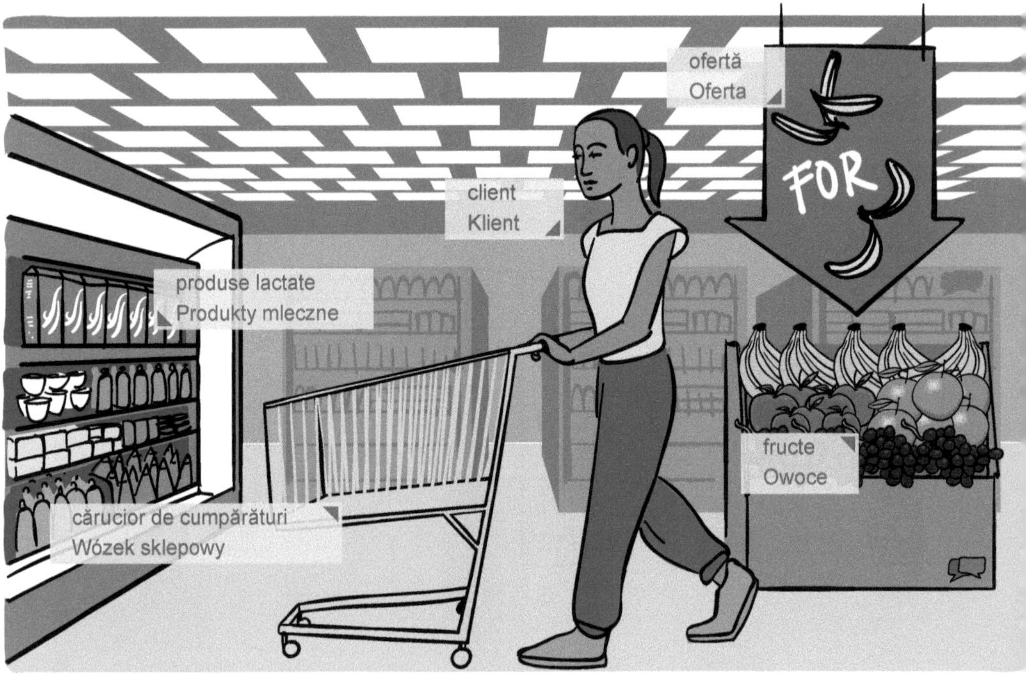

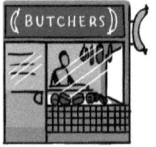

măcelărie

Rzeźnia

BAKERY

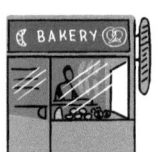

brutărie

Piekarnia

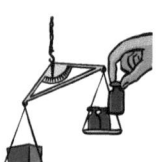

a cântări

ważyć

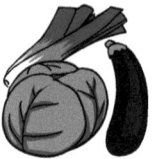

legume

Warzywa

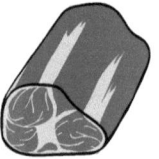

carne

Mięso

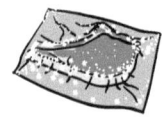

alimente refrigerate

Mrożonki

mezeluri și brânzeturi feliate

Wędliny

conserve

Konserwy

detergent

Proszek m do prania

dulciuri

Słodycze

articole de menaj

Artykuły użytku domowego

produse de curățenie

Środek czyszczący

vânzătoare

Sprzedawczyni

casă

Kasa

casier

Kasjer

listă de cumpărături

Lista zakupów

orar

Godziny otwarcia

portmoneu

Portfel

carte de credit

Karta kredytowa

geantă

Torba

pungă de plastic

Torebka plastikowa

apă

Woda

suc

Sok

lapte

Mleko

cola

Cola

vin

Wino

bere

Piwo

alcool

Alkohol

cacao

Kakao

ceai

Herbata

cafea

Kawa

espresso

Espresso

cappucino

Cappuccino

banane

Banan

măr

Jabłko

portocală

Pomarańcza

pepene

Arbuz

lămâie

Cytryna

morcov

Marchew

usturoi

Czosnek

bambus

Bambus

ceapă

Cebula

ciupercă

Grzyb

nuci

Orzechy

paste făinoase

Makaron

spagheti
....
Spaghetti

orez
....
Ryż

salată
....
Sałatka

cartofi prăjiți
....
Frytki

cartofi țărănești
....
Ziemniaki pieczone

pizza
....
Pizza

hamburger
....
Hamburger

sandwich
....
Kanapka

șnițel
....
Sznycel

șuncă
....
Szynka

salam
....
Salami

cârnați
....
Kiełbasa

pui
....
Kura

friptură
....
Pieczeń

pește
....
Ryba

fulgi de ovăz

Płatki owsiane

musli

Musli

cereale

Płatki kukurydziane

făină

Mąka

corn

Croissant

chifle

Bułka

pâine

Chleb

pâine prăjită

Toast

biscuiţi

Ciastka

unt

Masło

brânză de vaci

Twarożek

prăjitură

Ciasto

ou

Jajko

ouă ochiuri

Jajko sadzone

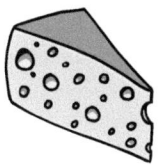

brânză

Ser

înghețată

Lody

zahăr

Cukier

miere

Miód

marmeladă

Marmolada

cremă nuga

Krem nugatowy

curry

Curry

gospodărie ţărănească
Gospodarstwo chłopskie

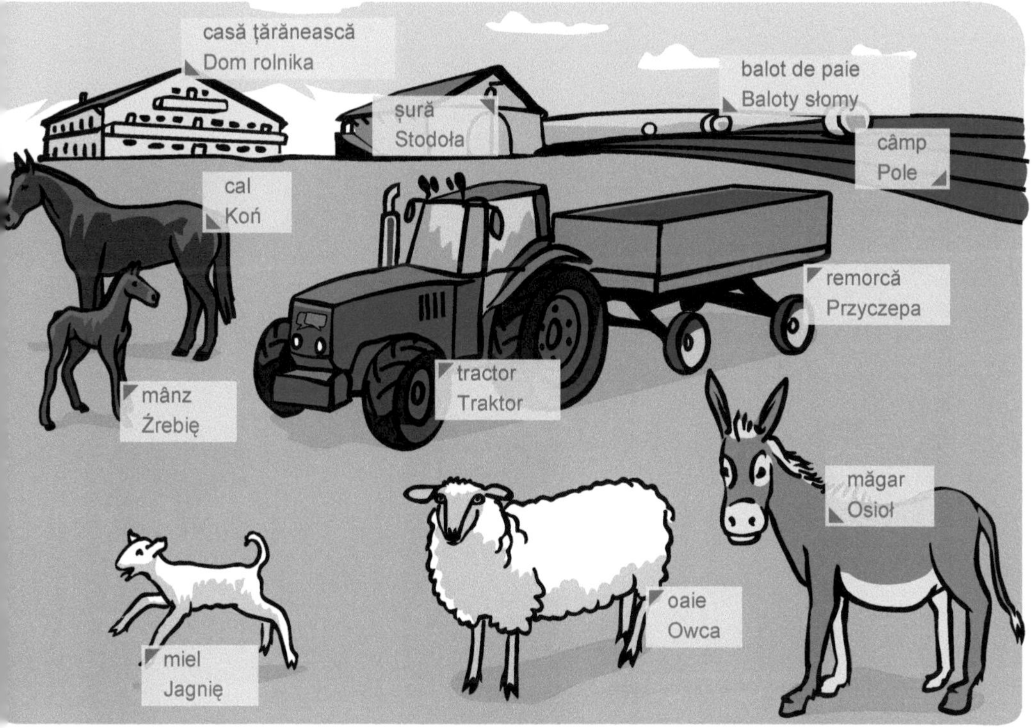
casă ţărănească
Dom rolnika
şură
Stodoła
balot de paie
Baloty słomy
câmp
Pole
cal
Koń
remorcă
Przyczepa
tractor
Traktor
mânz
Źrebię
măgar
Osioł
oaie
Owca
miel
Jagnię

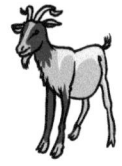

capră
Koza

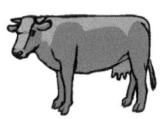

vacă
Krowa

viţel
Cielę

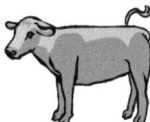

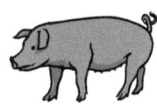

porc
Świnia

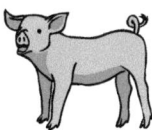

purcel
Prosię

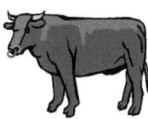

taur
Byk

găină
Gęś

rață
Kaczka

pui
Kurczątko

găină
Kura

cocoș
Kogut

șobolan
Szczur

pisică
Kot

șoarece
Mysz

bou
Osioł

câine
Pies

cușcă
Buda dla psa

furtun de grădină
Wąż ogrodowy

stropitoare
Konewka

coasă
Kosa

plug
Pług

seceră
....
Sierp

sapă
....
Graca

furcă
....
Widły

secure
....
Siekiera

roabă
....
Taczka

troacă
....
Koryto

cană pentru lapte
....
Kanka na mleko

sac
....
Worek

gard
....
Płot

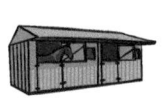

grajd
....
Stajnia

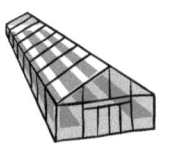

seră
....
Szklarnia

sol
....
Ziemia

sămânță
....
Nasiona

fertilizator
....
Nawóz

combină de treierat
....
Kombajn zbożowy

a culege

zbierać

recoltă

Żniwa

cartof yam

Podchrzyn

grâu

Pszenica

soia

Soja

cartof

Ziemniak

porumb

Kukurydza

rapiţă

Rzepak

pom fructifer

Drzewo owocowe

manioc

Maniok

cereale

Zboże

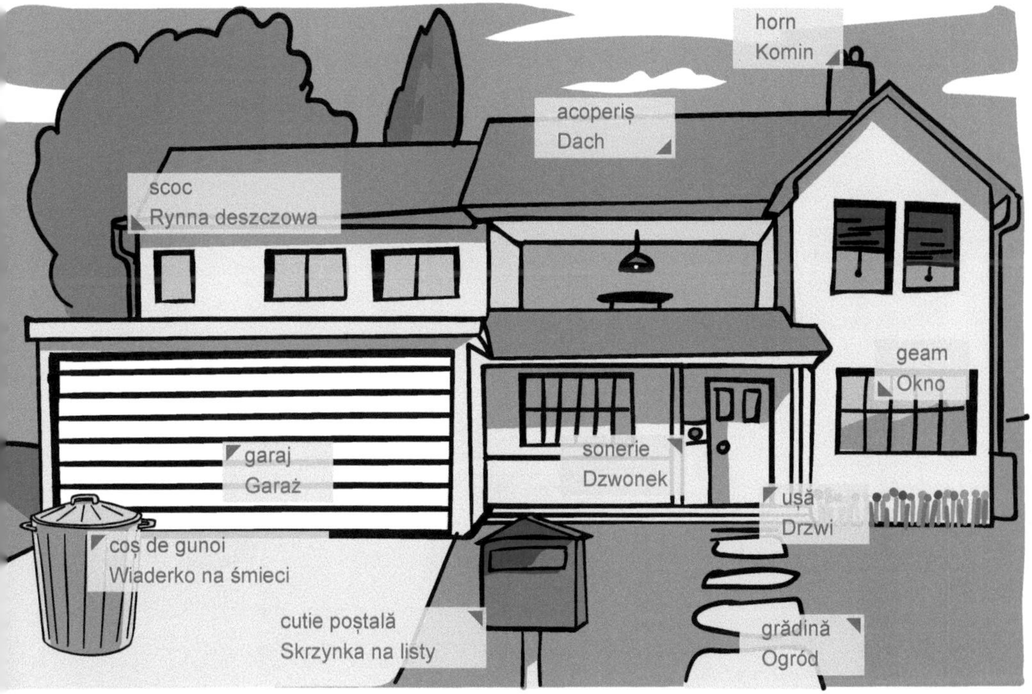

horn
Komin

acoperiș
Dach

scoc
Rynna deszczowa

geam
Okno

garaj
Garaż

sonerie
Dzwonek

ușă
Drzwi

coș de gunoi
Wiaderko na śmieci

cutie poștală
Skrzynka na listy

grădină
Ogród

cametră de zi

Pokój dzienny

baie

Łazienka

bucătărie

Kuchnia

dormitor

Sypialnia

camera copiilor

Pokój dziecięcy

sufragerie

Jadalnia

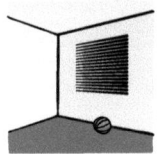

podea

Ziemia

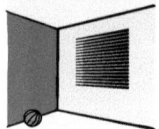

perete

Ściana

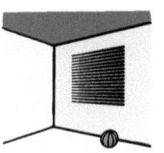

tavan

Koc

pivniță

Piwnica

saună

Sauna

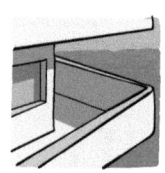

balcon

Balkon

terasă

Taras

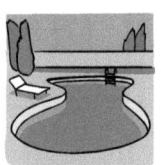

piscină

Basen

mașină de tuns iarba

Kosiarka do trawy

cearșaf

Poszwa

cuvertură

Kołdra

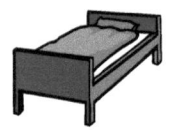

pat

Łóżko

mătură

Miotła

găleată

Wiadro

întrerupător

Włącznik

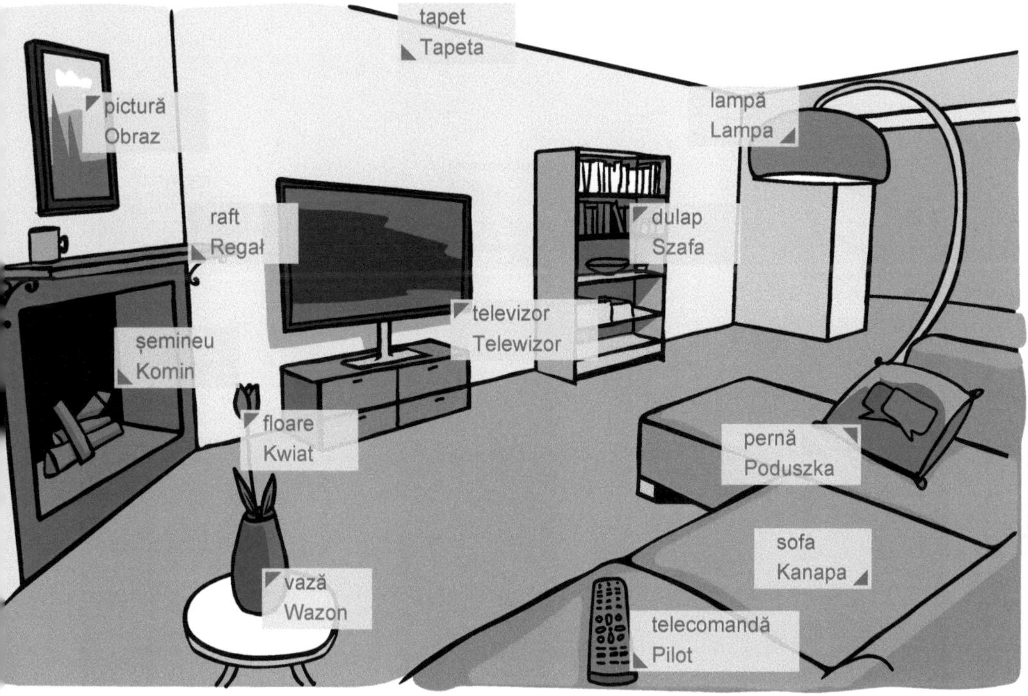

tapet
Tapeta

pictură
Obraz

lampă
Lampa

raft
Regał

dulap
Szafa

șemineu
Komin

televizor
Telewizor

floare
Kwiat

pernă
Poduszka

vază
Wazon

sofa
Kanapa

telecomandă
Pilot

covor

Dywan

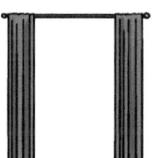

perdea

Zasłona

masă

Stół

scaun

Krzesło

balansoar

Bujak

fotoliu

Fotel

carte

Książka

pătură

Sufit

decoraţiune

Dekoracja

lemn de foc

Drewno kominkowe

film

Film

instalaţie stereo

Instalacja stereo

cheie

Klucz

ziar

Gazeta

desen

Malunek

poster

Plakat

radio

Radio

caiet de notiţe

Notatnik

aspirator

Odkurzacz

cactus

Kaktus

lumânare

Świeczka

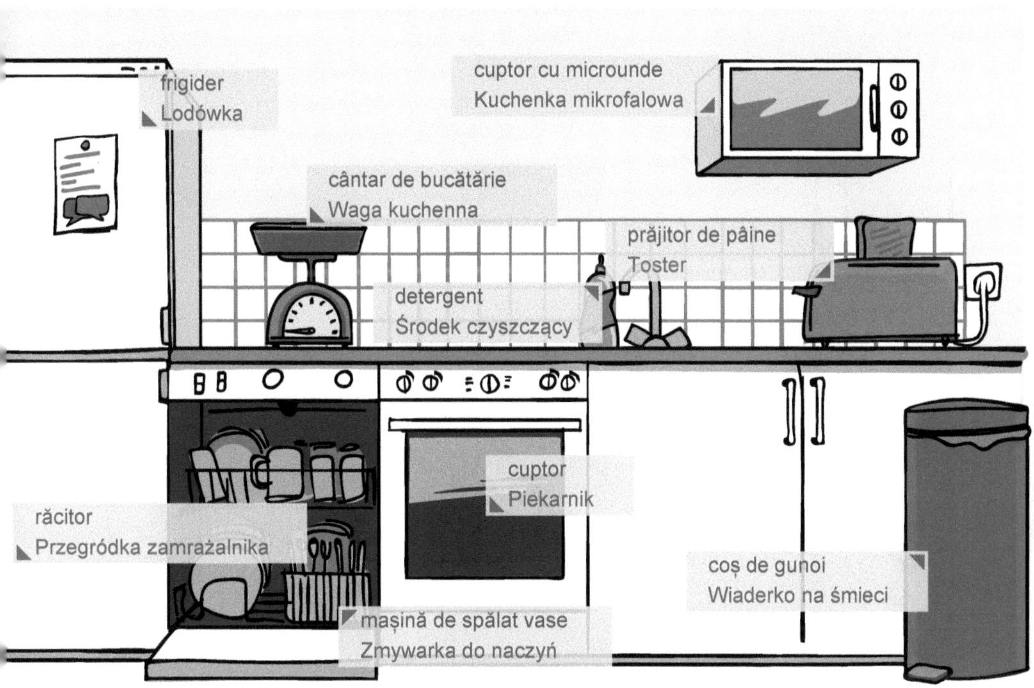

frigider
Lodówka

cuptor cu microunde
Kuchenka mikrofalowa

cântar de bucătărie
Waga kuchenna

prăjitor de pâine
Toster

detergent
Środek czyszczący

cuptor
Piekarnik

răcitor
Przegródka zamrażalnika

coş de gunoi
Wiaderko na śmieci

maşină de spălat vase
Zmywarka do naczyń

cuptor

Kuchenka

oală

Garnek

oală de metal

Kocioł żeliwny

wok/kadai

Wok / Kadai

tigaie

Patelnia

ceainic

Czajnik

oală de gătit cu aburi

Parowar

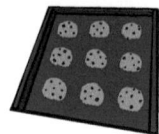

tavă de copt

Blacha do pieczenia

veselă

Naczynia kuchenne

pahar

Kubek

bol

Miska

bețișoare

Pałeczki

polonic

Nabierka

spatulă

Łopatka do smażenia

tel

Trzepaczka do śmietany

sită

Cedzak

sită

Sitko

răzătoare

Tarka

mojar

Moździerz

grătar

Grillowanie

loc pentru grătar

Palenisko

bucătărie - Kuchnia

tocător

Deska

sucitor

Wałek do ciasta

tirbușon

Korkociąg

conservă

Puszka

deschizător de conserve

Otwieracz do puszek

șervete termice

Ściereczka do trzymania garnka

chiuvetă

Umywalka

perie

Szczotka

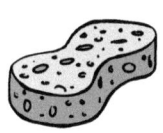

burete

Gąbka

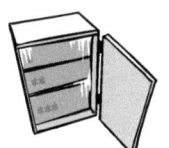

mixer

Mikser

ladă frigorifică

Zamrażarka

biberon

Butelka dla niemowlęcia

robinet

Kran

baie
Łazienka

încălzire
Ogrzewanie
prosop
Ręcznik
duş
Prysznic
perdea de duş
Kotara prysznicowa
baie cu spumă
Płyn do kąpieli
cadă
Wanna kąpielowa
pahar
Szklanka
maşină de spălat
Pralka
robinet
Kran
gresie
Kafelki
oală de noapte
Nocnik
chiuvetă
Umywalka

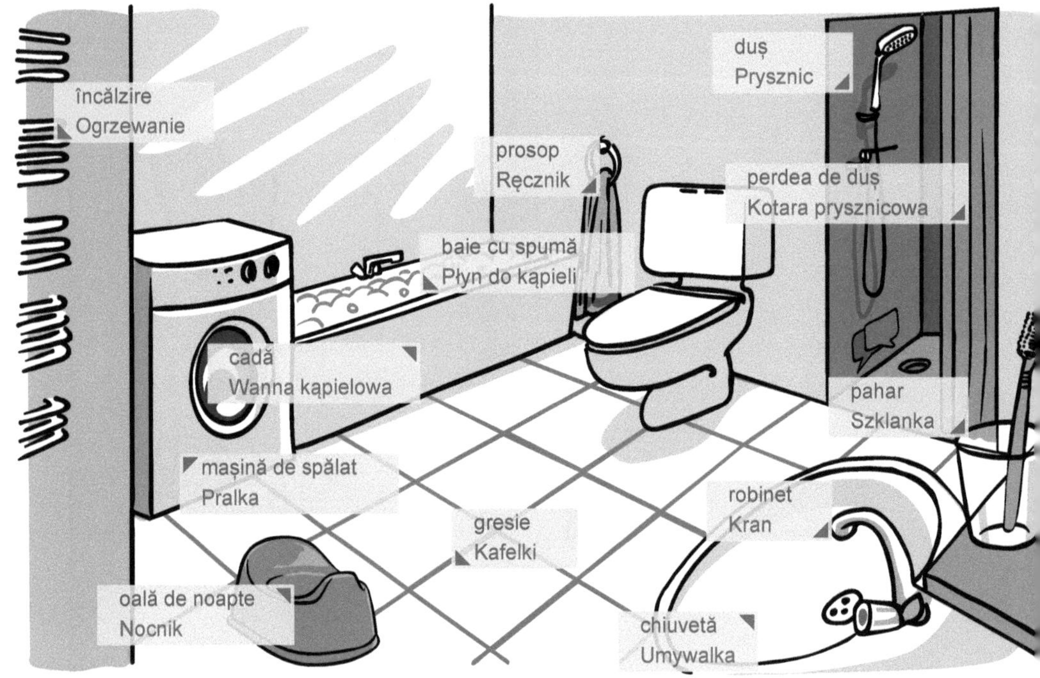

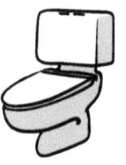

toaletă

Toaleta

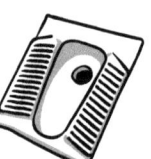

toaletă turcescă

Toaleta kuczna

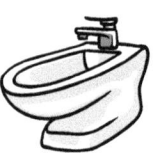

bideu

Bidet

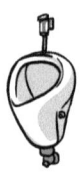

pisoir

Pisuar

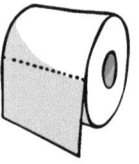

hârtie igienică

Papier toaletowy

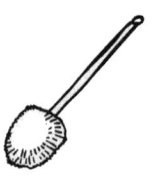

perie de toaletă

Szczotka toaletowa

periuță de dinți

Szczoteczka do zębów

pastă de dinți

Pasta do zębów

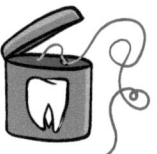

ață dentară

Nitki do czyszczenia zębów

a spăla

myć

cap de duș

Głowica prysznicowa

duș intim

Płyn kąpielowy do higieny intymnej

lavoar

Miska do mycia

perie pentru spate

Szczotka kąpielowa

săpun

Mydło

gel de duș

Żel prysznicowy

șampon

Szampon

cârpă de spălat

Rękawica kąpielowa

scurgere

Odpływ

cremă

Krem

deodorant

Dezodorant

oglindă
Lustro

oglindă cosmetică
Lustro kosmetyczne

aparat de ras
Golarka

spumă de ras
Pianka do golenia

aftershave
Woda po goleniu

pieptene
Grzebień

perie
Szczotka

uscător de păr
Suszarka do włosów

fixator
Spray do włosów

machiaj
Makijaż

ruj
Pomadka

lac de unghii
Lakier do paznokci

vată
Wata

foarfece de unghii
Nożyczki do paznokci

parfum
Perfum

neseser

Kosmetyczka

taburet

Taboret

cântar

Waga

halat de baie

Szlafrok kąpielowy

mănuși de cauciuc

Rękawice gumowe

tampon

Tampon

tampon

Podpaska damska

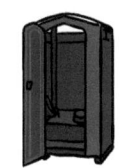

toaletă chimică

Toaleta chemiczna

camera copiilor
Pokój dziecięcy

ceas deșteptător
Budzik
jucărie de pluș
Pluszowa przytulanka
mașină de jucărie
Samochodzik
morișcă
Grzechotka
casă de păpuși
Domek dla lalek
cadou
Prezent

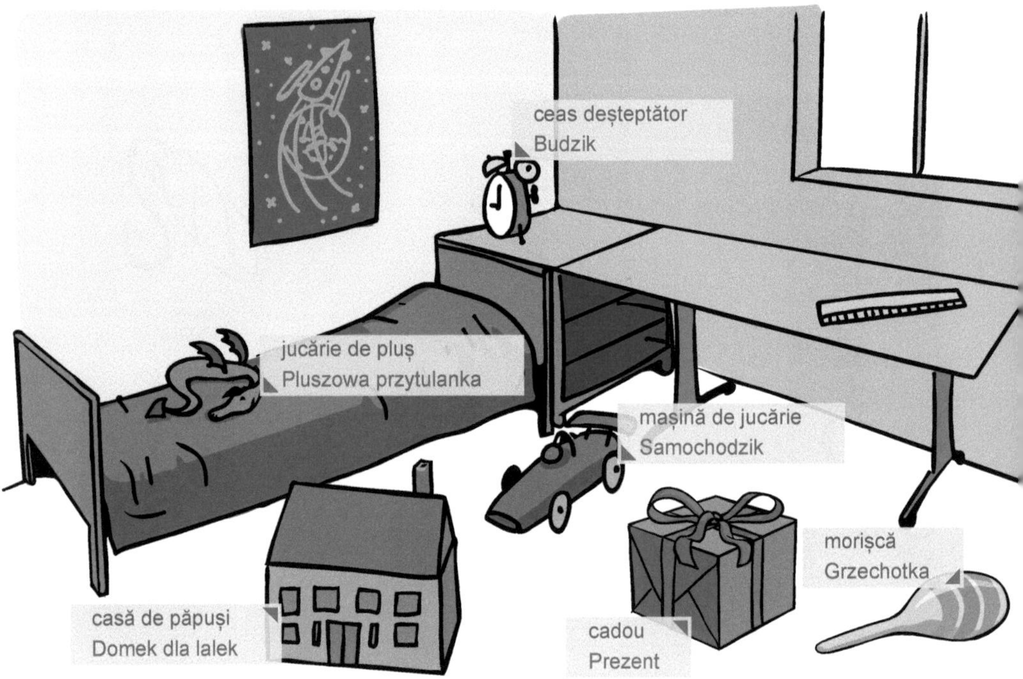

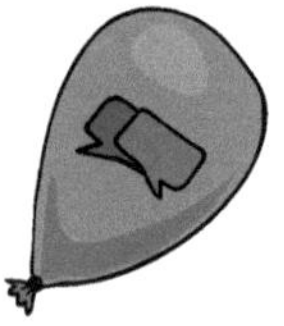

balon

Balon

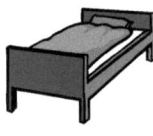

pat

Łóżko

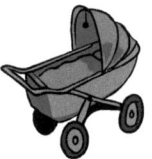

cărucior de copii

Wózek dziecięcy

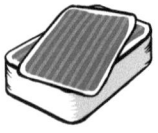

joc de cărți

Gra w karty

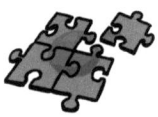

puzzle

Puzzle

SUPER MEGA

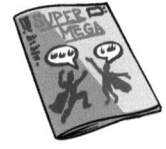

revistă de benzi desenate

Komiks

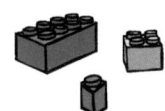

cuburi lego

Klocki lego

piese pentru construcţii

Klocki

personaj din filmele de acţiune

Action figura

body

Śpioszek dziecięcy

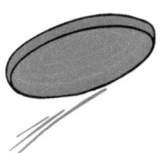

frisbee

Frisbee

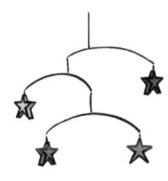

mobil

Zabawki ruchome

joc de societate

Gra planszowa

zar

Kości

set trenuleţ de jucărie

Kolejka elektryczna

suzetă

Smoczek

petrecere

Przyjęcie

carte cu poze

Książka z ilustracjami

minge

Piłka

păpuşă

Lalka

a se juca

bawić się

groapă de nisip

Piaskownica

leagăn

Huśtawka

jucării

Zabawki

consolă video

Konsola do gier

tricicletă

Rowerek trójkołowy

ursuleț

Pluszowy miś

dulap

Szafa ubraniowa

îmbrăcăminte

Ubiór

șosete

Skarpety

ciorapi

Pończochy

dres

Rajstopy

șal
Szal

curea
Pasek

umbrelă
Parasol

tricou
T-Shirt

pantofi sport
Obuwie sportowe

cizme
Kozaki

papuci
Pantofle domowe

sandale
....
Sandały

încălțăminte
....
Buty

cizme de cauciuc
....
Kalosze

chilot
....
Majtki

sutien
....
Biustonosz

maiou
....
Podkoszulek

body
Body

pantaloni
Spodnie

blugi
Dżins

fustă
Spódnica

bluză
Bluzka

cămașă
Koszula

pulover
Pulower

jerseu
Bluza sportowa

sacou
Marynarka

jachetă
Kurtka

palton
Płaszcz

pelerină de ploaie
Płaszcz przeciwdeszczowy

costum
Kostium

rochie
Sukienka

rochie de mireasă
Suknia ślubna

costum

Garnitur męski

cămașă de noapte

Koszula nocna

pijama

Piżama

sari

Sari

batic

Chusta na głowę

turban

Turban

burka

Burka

caftan

Kaftan

abaya

Abaya

costum de baie

Strój kąpielowy

șort

Kąpielówki

pantaloni scurți

Krótkie spodnie

trening

Dres sportowy

șorț

Fartuch

mănuși

Rękawiczki

nasture

Guzik

ochelari

Okulary

brăţară

Bransoletka

lanţ

Łańcuszek

inel

Pierścionek

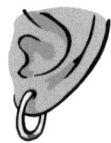

cercel

Kolczyk

căciulă

Czapka

umeraş

Wieszak

pălărie

Kapelusz

cravată

Krawat

fermoar

Zamek błyskawiczny

cască

Kask

bretele

Szelki

uniformă şcolară

Mundurek szkolny

uniformă

Mundur

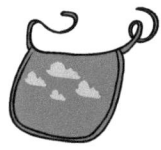

bavețică

Śliniaczek

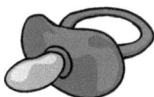

suzetă

Smoczek

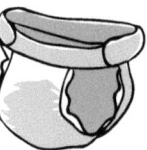

scutec

Pieluszka

birou
Biuro

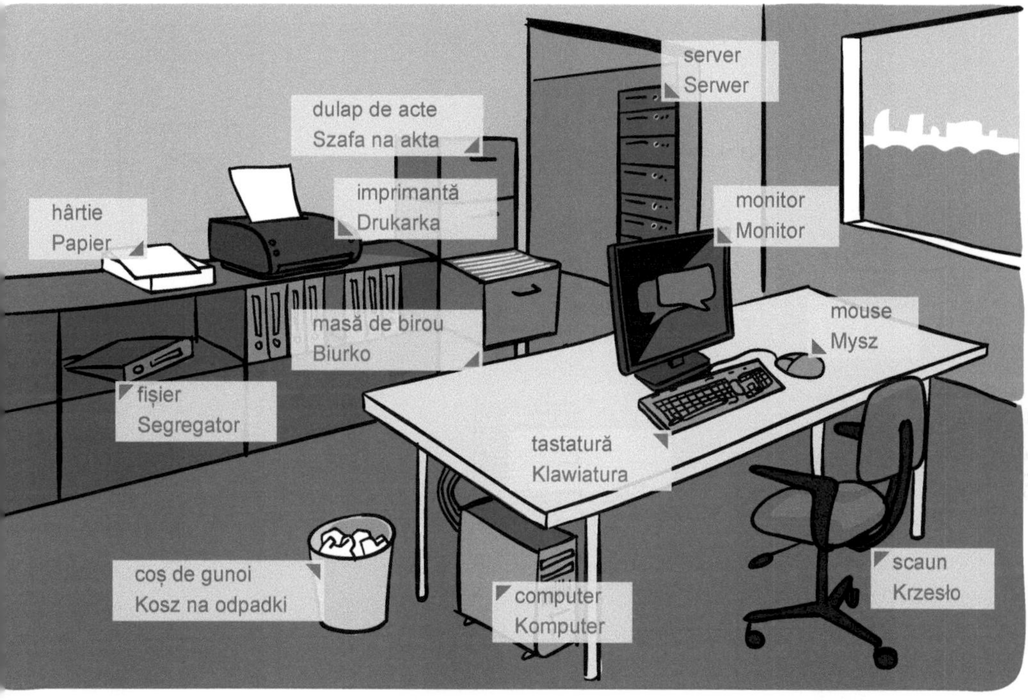
server
Serwer
dulap de acte
Szafa na akta
imprimantă
Drukarka
hârtie
Papier
monitor
Monitor
mouse
Mysz
masă de birou
Biurko
fișier
Segregator
tastatură
Klawiatura
scaun
Krzesło
coș de gunoi
Kosz na odpadki
computer
Komputer

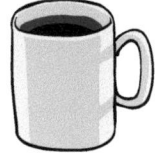

ceașcă de cafea

Filiżanka do kawy

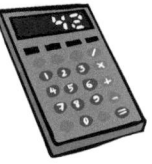

calculator

Kalkulator

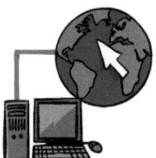

internet

Internet

laptop

Laptop

scrisoare

List

mesaj

Wiadomość

telefon mobil

Komórka

reţea

Sieć

copiator

Kopiarka

software

Oprogramowanie

telefon

Telefon

priză

Gniazdko

fax

Faks

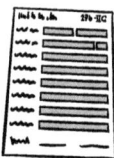

formular

Formularz

document

Dokument

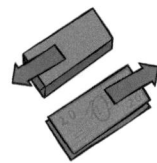

a cumpăra
....
kupić

a plăti
....
płacić

a face comerţ
....
postępować

bani
....
Pieniądze

USD

Dolar
....
Dolar

EUR

Euro
....
Euro

JPY

Yen
....
Jen

RUB

Rublă
....
Rubel

CHF

Franc Elveţian
....
Frank

CNY

renminbi yuan
....
Juan Renminbi

INR

Rupie
....
Rupia

bancomat
....
Bankomat

casă de schimb valutar

Kantor wymiany walut

aur

Złoto

argint

Srebro

petrol

Olej

energie

Energia

preț

Cena

contract

Umowa

impozit

Podatek

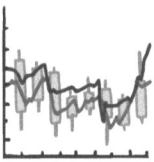

acțiune

Akcja

a munci

pracować

angajat

Pracownik umysłowy

angajator

Pracodawca

fabrică

Fabryka

magazin

Sklep

ocupații
Zawody

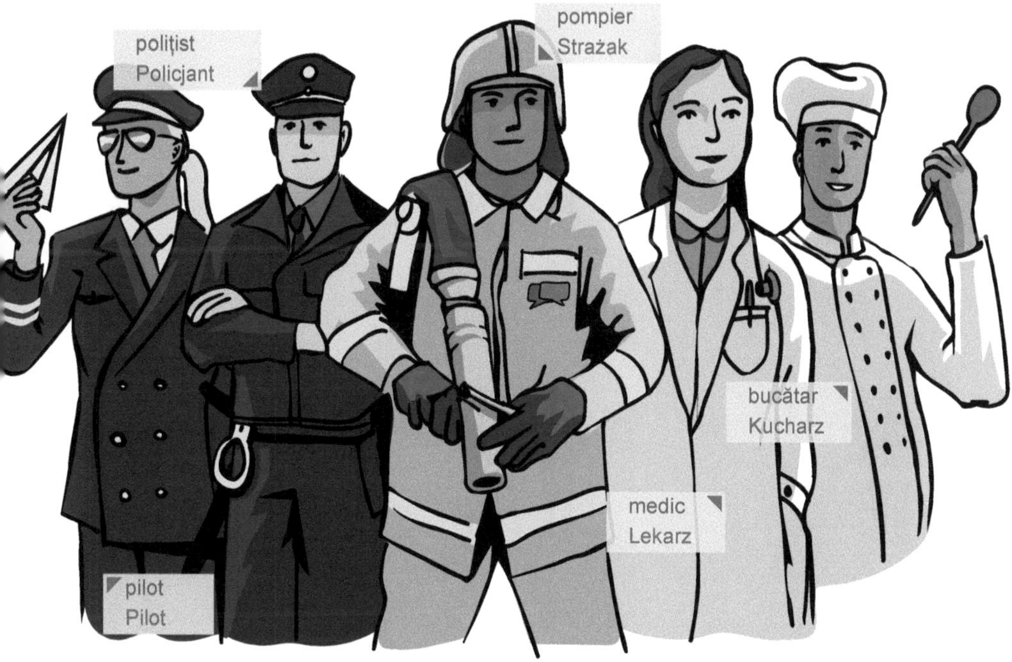
pompier
Strażak
polițist
Policjant
bucătar
Kucharz
medic
Lekarz
pilot
Pilot

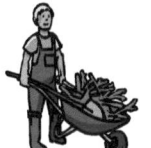

grădinar

Ogrodnik

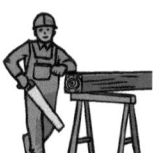

tâmplar

Stolarz

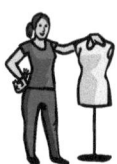

cusătoreasă

Krawcowa

judecător

Sędzia

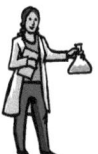

chimist

Chemik

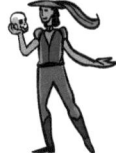

actor

Aktor

șofer de autobuz

Kierowca autobusu

șofer de taxi

Taksówkarz

pescar

Fischer

femeie de serviciu

Sprzątaczka

tinichigiu

Dekarz

chelnăr

Kelner

vânător

Myśliwy

pictor

Malarz

brutar

Piekarz

electrician

Elektryk

muncitor în construcții

Robotnik budowlany

inginer

Inżynier

măcelar

Rzeźnik

instalator

Instalator

poștaș

Listonosz

soldat

Żołnierz

arhitect

Architekt

casier

Kasjer

florar

Florysta

frizer

Fryzjer

controlor

Konduktor

mecanic

Mechanik

căpitan

Kapitan

stomatolog

Dentysta

om de ştiinţă

Naukowiec

rabin

Rabin

imam

Imam

călugăr

Mnich

preot

Proboszcz

instrumente
Narzędzia

ciocan
Młotek
clește
Szczypce
șurubelniță
Wkrętak
cheie
Klucz do śrub
lanternă
Latarka

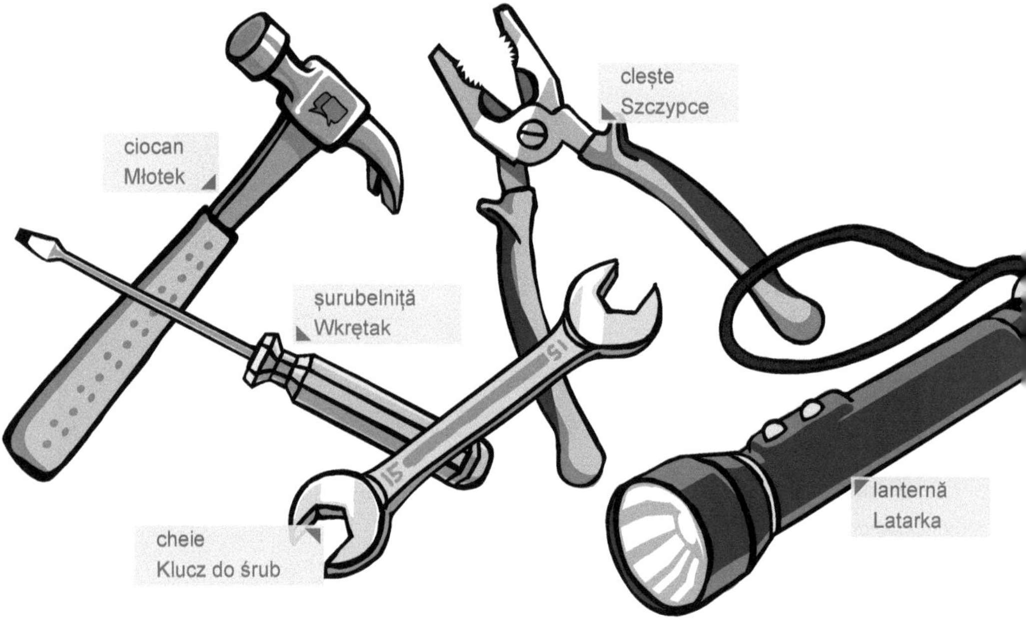

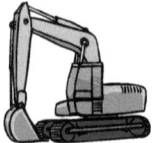

excavator

Koparka

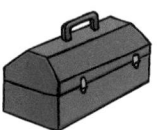

cutie de scule

Skrzynka narzędziowa

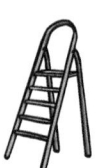

scară

Drabina

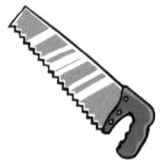

ferăstrău

Piła

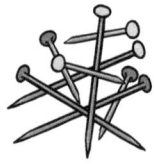

cuie

Gwoździe

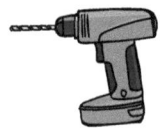

burghiu

Wiertło

a repara

naprawić

lopată

Łopatka

La naiba!

Cholera!

făraș

Szufelka

vas pentru vopsea

Puszka z farbą

șuruburi

Śruby

instrumente muzicale
Instrumenty muzyczne

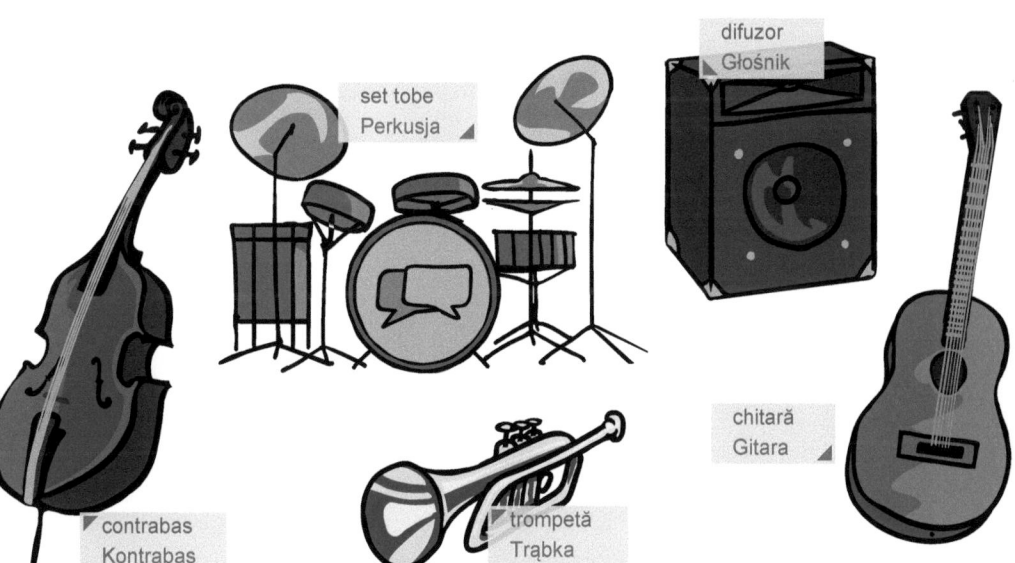

difuzor
Głośnik

set tobe
Perkusja

contrabas
Kontrabas

trompetă
Trąbka

chitară
Gitara

pian
Pianino

vioară
Skrzypce

bas
Bas

trombon
Kotły

tobă
Bęben

keyboard
Keyboard

saxofon
Saksofon

fluier
Flet

microfon
Mikrofon

grădină zoologică

Zoo

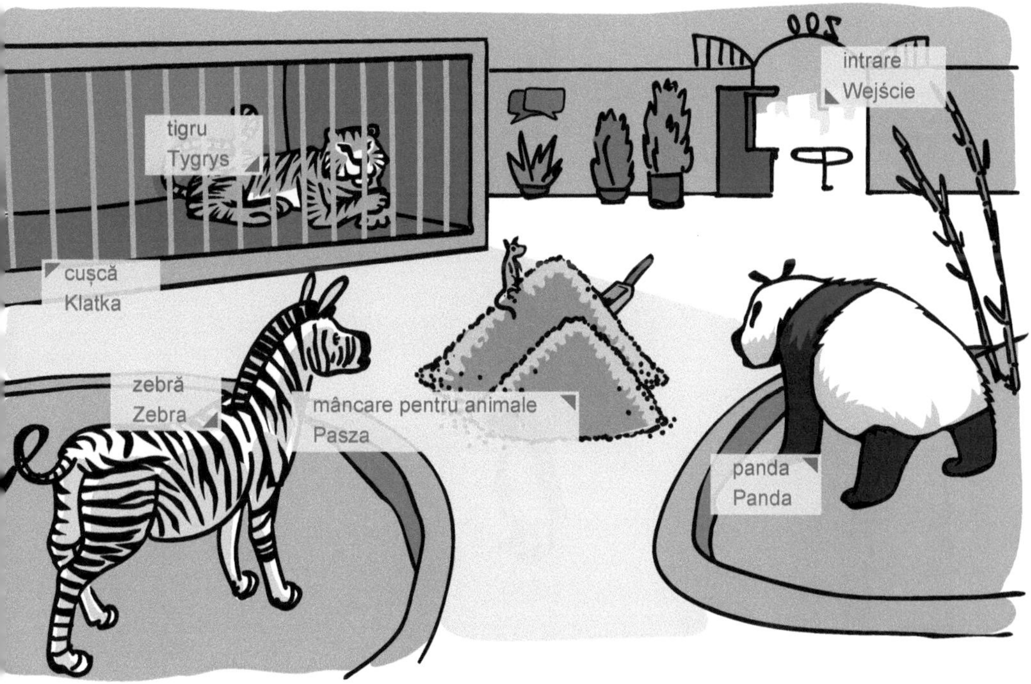

intrare
Wejście
tigru
Tygrys
cuşcă
Klatka
zebră
Zebra
mâncare pentru animale
Pasza
panda
Panda

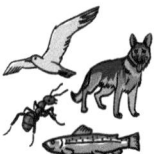

animale

Zwierzęta

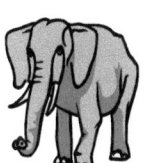

elefant

Słoń

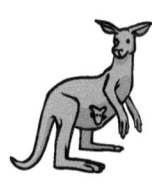

cangur

Kangur

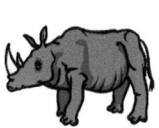

rinocer

Nosorożec

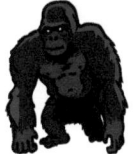

gorilă

Goryl

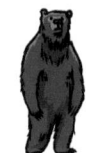

urs

Niedźwiedź

cămilă

Wielbłąd

struț

Struś

leu

Lew

maimuță

Małpa

flamingo

Fleming

papagal

Papuga

urs polar

Niedźwiedź polarny

pinguin

Pingwin

rechin

Rekin

păun

Paw

șarpe

Wąż

crocodil

Krokodyl

îngrijitor grădina zoologică

Dozorca w zoo

focă

Foka

jaguar

Jaguar

ponei

Kucyk

leopard

Gepard

hipopotam

Hipopotam

girafă

Żyrafa

acvilă

Orzeł

porc mistreț

Dzik

pește

Ryba

broască țestoasă

Żółw

morsă

Mors

vulpe

Lis

gazelă

Gazela

fotbal american
Futbol amerykański

ciclism
Kolarstwo

tenis
Tenis

basketball
Koszykówka

înot
Pływanie

box
Boks

hockey pe gheață
Hokej na lodzie

fotbal
Piłka nożna

badminton
Badminton

atletism
Lekka atletyka

handbal
Piłka ręczna

schi
Narciarstwo

polo
Polo

a râde
śmiać się

a sări
skakać

a îmbrățișa
objąć

a merge
iść

a cânta
śpiewać

a visa
marzyć

a se ruga
modlić się

a săruta
całować

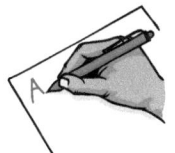

a scrie
....
pisać

a desena
....
rysować

a arăta
....
pokazywać

a împinge
....
nacisnąć

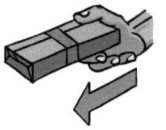

a da
....
dać

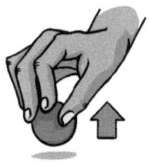

a lua
....
wziąć

a avea

mieć

a face

robić

a fi

być

a sta în picioare

stać

a fugi

biegać

a trage

ciągnąć

a arunca

rzucać

a cădea

spaść

a sta întins

leżeć

a aștepta

czekać

a purta

nosić

a ședea

siedzieć

a se îmbrăca

zakładać

a dormi

spać

a se trezi

budzić się

a privi

spojrzeć

a plânge

płakać

a mângâia

głaskać

a se pieptăna

czesać się

a vorbi

mówić

a înțelege

rozumieć

a întreba

pytać

a asculta

słyszeć

a bea

pić

a mânca

jeść

a face ordine

sprzątać

a iubi

kochać

a găti

gotować

a conduce

jechać

a zbura

latać

a naviga
żeglować

a calcula
liczyć

a citi
czytać

a învăţa
uczyć się

a munci
pracować

a se căsători
wejść w związek małżeński

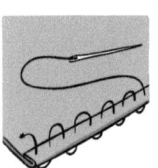

a coase
szyć

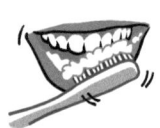

a se spăla pe dinţi
myć zęby

a ucide
zabić

a fuma
palić tytoń

a trimite
wysłać

familie
Rodzina

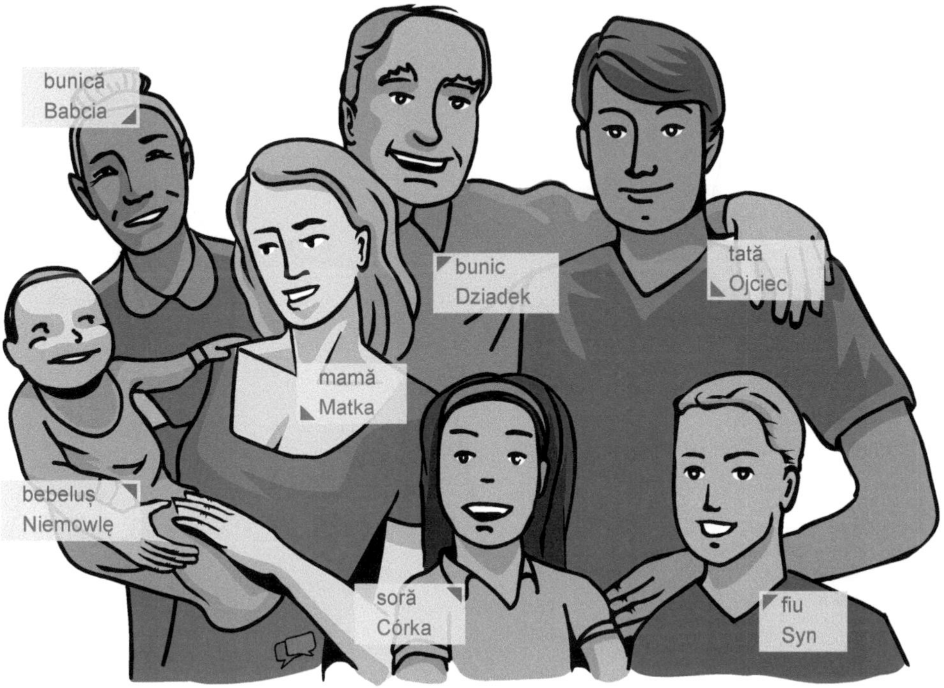

bunică
Babcia
bunic
Dziadek
tată
Ojciec
mamă
Matka
bebeluș
Niemowlę
soră
Córka
fiu
Syn

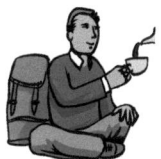

oaspete

Gość

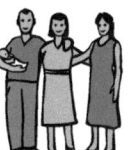

mătușă

Ciotka

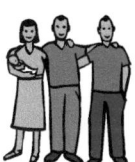

unchi

Wujek

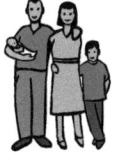

frate

Brat

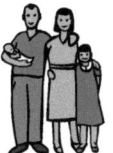

soră

Siostra

corp
Ciało

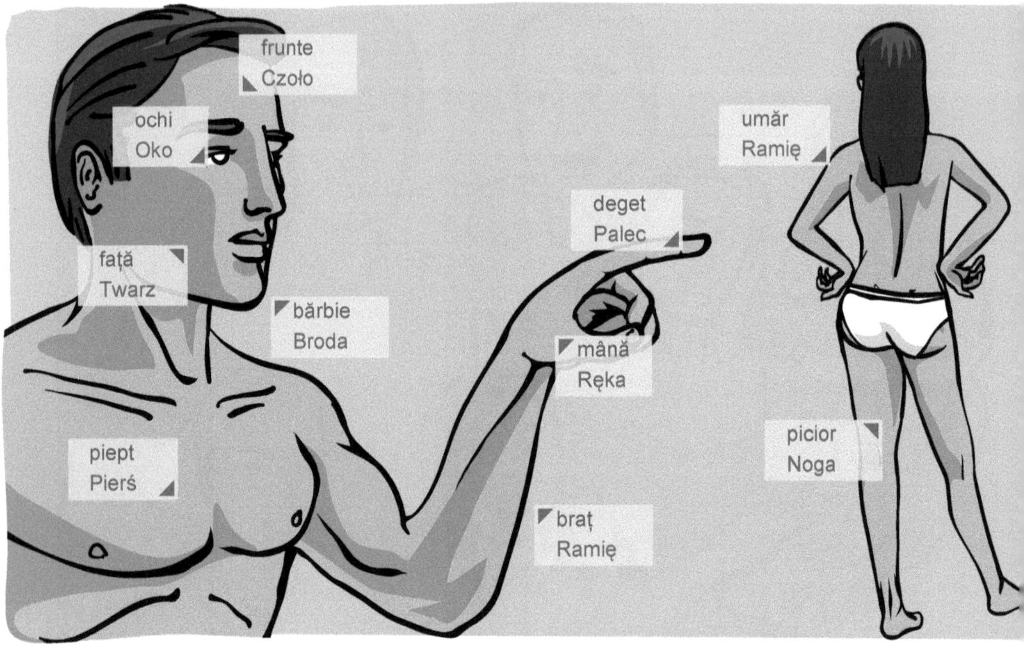

frunte
Czoło
ochi
Oko
umăr
Ramię
deget
Palec
fața
Twarz
bărbie
Broda
mână
Ręka
piept
Pierś
picior
Noga
braț
Ramię

bebeluș
Niemowlę

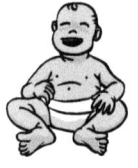

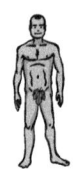

bărbat
Mężczyzna

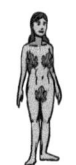

femeie
Kobieta

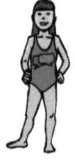

fată
Dziewczyna

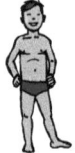

băiat
Chłopiec

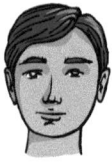

cap
Głowa

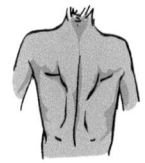

spate

Plecy

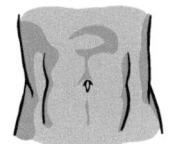

abdomen

Brzuch

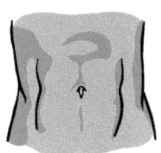

ombilic

Pępek

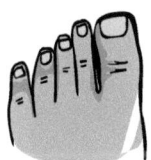

deget de la picior

palec nogi

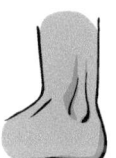

călcâi

Pięta

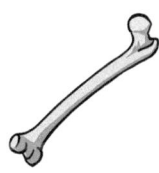

os

Kość

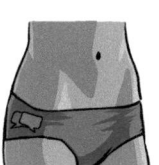

şold

Biodro

genunchi

Kolano

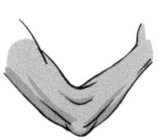

cot

Łokieć

nas

Nos

fund

Pośladki

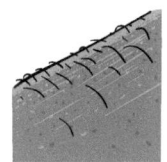

piele

Skóra

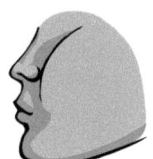

obraz

Policzek

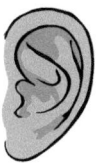

ureche

Uszy

buză

Warga

gură

Usta

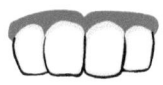

dinte

Ząb

limbă

Język

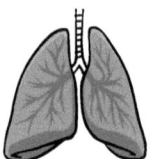

creier

Mózg

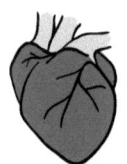

inimă

Serce

mușchi

Mięsień

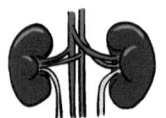

plămân

Płuca

ficat

Wątroba

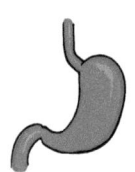

stomac

Żołądek

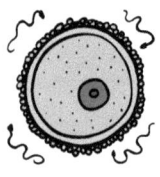

rinichi

Nerki

sex

Stosunek płciowy

prezervativ

Kondom

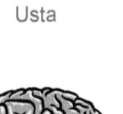

ovul

Komórka jajowa

spermă

Sperma

sarcină

Ciąża

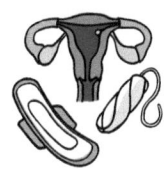

menstruație

Menstruacja

vagin

Wagina

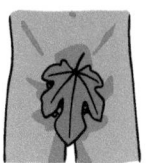

penis

Penis

sprânceană

Brew

păr

Włosy

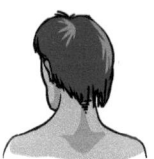

gât

Szyja

spital
Szpital

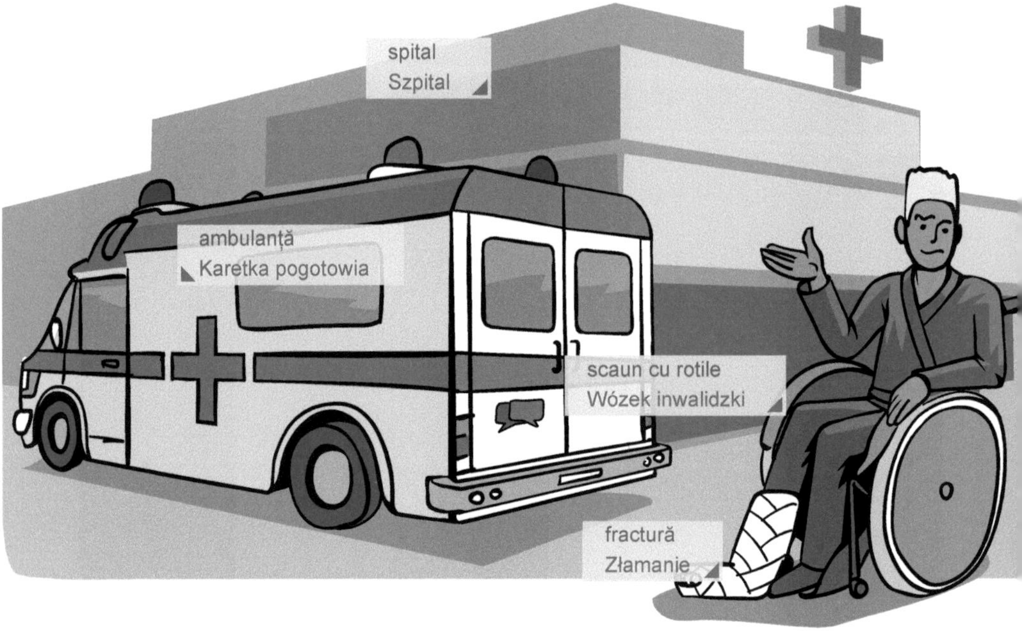

spital
Szpital
ambulanță
Karetka pogotowia
scaun cu rotile
Wózek inwalidzki
fractură
Złamanie

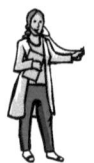

medic
Lekarz

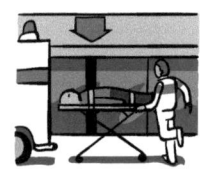

unitate de primiri urgențe
Izba przyjęć

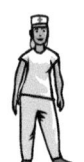

soră medicală
Pielęgniarka

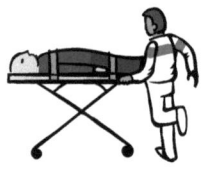

urgență
Nagły przypadek

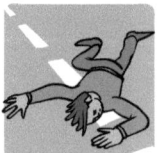

inconștient
nieprzytomny

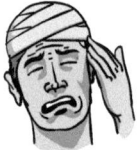

durere
Ból

leziune

Skaleczenie

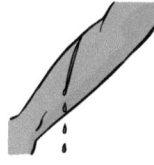

sângerare

Krwawienie

infarct miocardic

Zawał serca

atac cerebral

Udar mózgu

alergie

Alergia

tuse

Kaszleć

febră

Gorączka

gripă

Grypa

diaree

Biegunka

durere de cap

Ból głowy

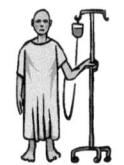

cancer

Rak

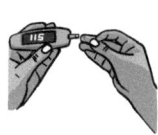

diabet

Cukrzyca

chirurg

Chirurg

scalpel

Skalpel

operaţie

Operacja

CT

CT

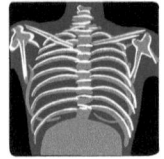

raze Röntgen

Rentgen

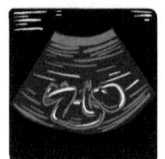

ultrasunet

Ultradźwięki

mască

Maska

boală

Choroba

sală de așteptare

Poczekalnia

cârjă

Kula

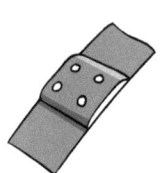

plasture

Plaster

bandaj

Opatrunek

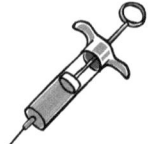

injecție

Iniekcja

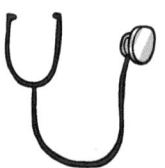

stetoscop

Stetoskop

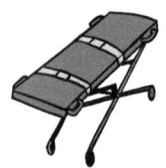

targă

Nosze

termometru

Termometr

naștere

Poród

supraponderabilitate

Nadwaga

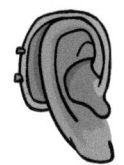

aparat auditiv

Aparat słuchowy

dezinfectant

Środek dezynfekcyjny

infecție

Infekcja

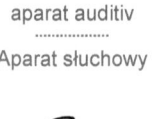

virus

Wirus

HIV/SIDA

HIV / AIDS

medicină

Medycyna

vaccin

Szczepienie

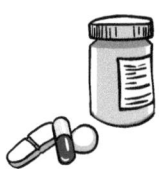

tablete

Tabletki

pastilă

Pigułka

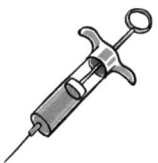

apel de urgență

Telefon ratunkowy

aparat de măsurare a
presiunii arteriale

Ciśnieniomierz krwi

bolnav/sănătos

chory / zdrowy

Ajutor!

Pomocy!

alarmă

Alarm

agresiune

Napad

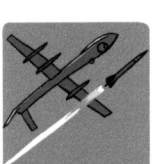

atac

Atak

pericol

Niebezpieczeństwo

ieșire de urgență

Wyjście awaryjne

Foc!

Pożar!

extinctor

Gaśnica

accident

Wypadek

trusă de prim-ajutor

Walizeczka pierwszej pomocy

SOS

SOS

poliție

Policja

Europa

Europa

America de Nord

Ameryka Północna

America de Sud

Ameryka Południowa

Africa

Afryka

Asia

Azja

Australia

Australia

Altantic

Atlantyk

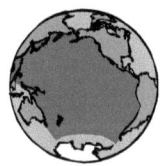

Pacific

Pacyfik

Oceanul Indian

Ocean Indyjski

Oceanul Antarctic

Ocean Antarktyczny

Oceanul Arctic

Ocean Arktyczny

Polul Nord

Biegun północny

Polul Sud

Biegun południowy

Antarctica

Antarktyda

pământ

Ziemia

țară

Kraj

mare

Morze

insulă

Wyspa

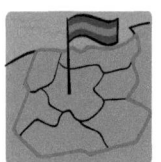

națiune

Naród

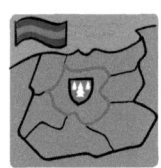

stat

Państwo

cadran

Cyferblat

orar

Wskazówka godzinowa

minutar

Wskazówka minutowa

secundar

Wskazówka sekundowa

Cât e ceasul?

Która godzina?

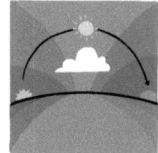

zi

Dzień

timp

Czas

acum

teraz

cead digital

Zegarek digitalny

minut

Minuta

oră

Godzina

săptămână
Tydzień

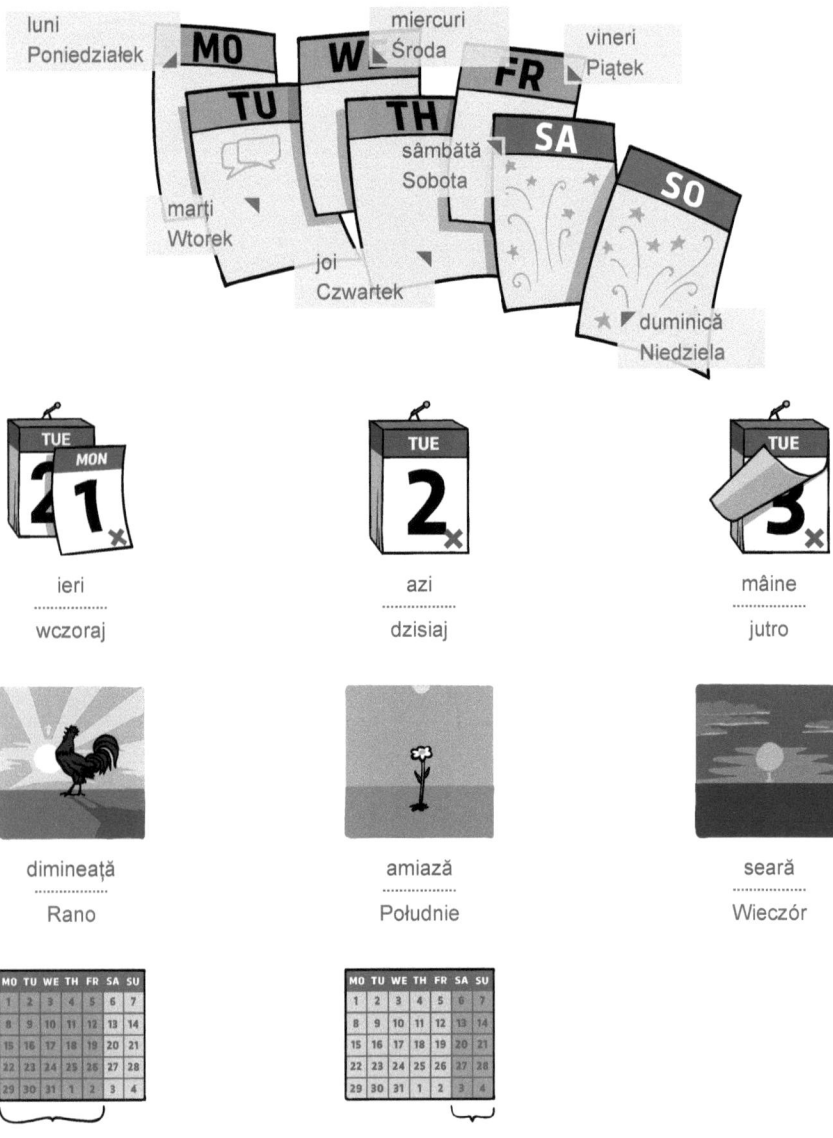

luni
Poniedziałek

miercuri
Środa

vineri
Piątek

marți
Wtorek

sâmbătă
Sobota

joi
Czwartek

duminică
Niedziela

ieri
wczoraj

azi
dzisiaj

mâine
jutro

dimineață
Rano

amiază
Południe

seară
Wieczór

zile lucrătoare
Dni robocze

week-end
Weekend

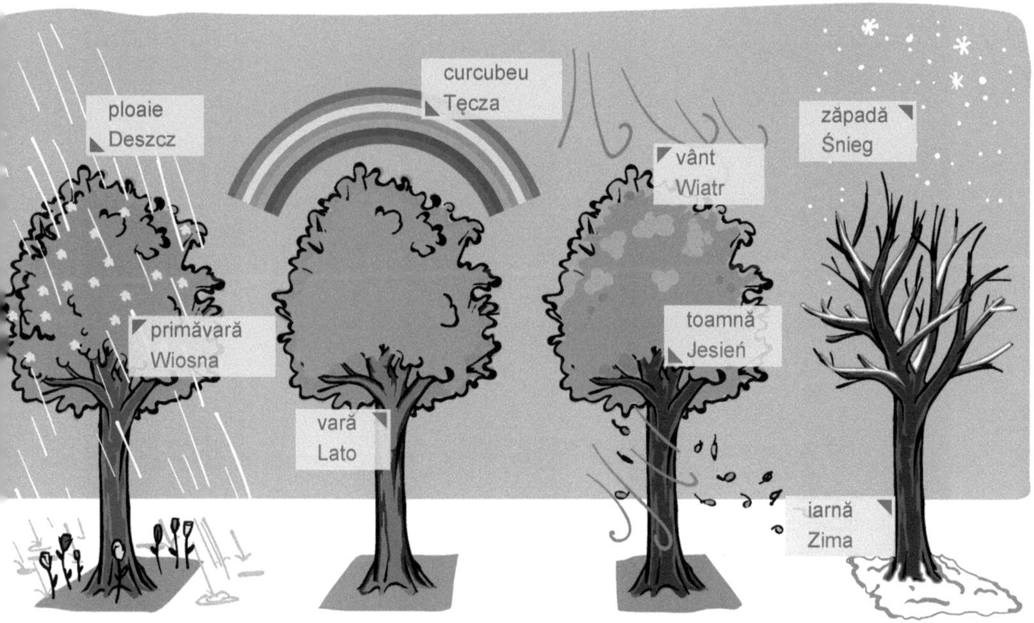

ploaie
Deszcz
curcubeu
Tęcza
zăpadă
Śnieg
vânt
Wiatr
primăvară
Wiosna
toamnă
Jesień
vară
Lato
iarnă
Zima

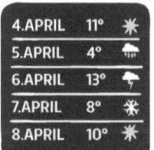

4.APRIL 11°
5.APRIL 4°
6.APRIL 13°
7.APRIL 8°
8.APRIL 10°

prognoză meteo

Prognoza pogody

F C
120 40
90 30
60 20
30 10
0 0
-30 -10
-20

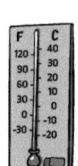

termometru

Termometr

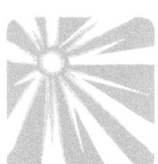

lumina soarelui

Światło słoneczne

nor

Chmura

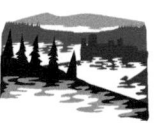

ceață

Mgła

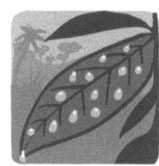

umiditate a aerului

Wilgotność powietrza

fulger

Błyskawica

tunet

Grzmot

furtună

Sztorm

grindină

Grad

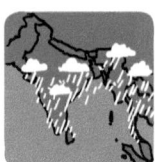

muson

Monsun

inundaţie

Potop

gheaţă

Lód

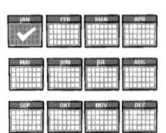

ianuarie

Styczeń

februarie

Luty

martie

Marzec

aprilie

Kwiecień

mai

Maj

iunie

Czerwiec

iulie

Lipiec

august

Sierpień

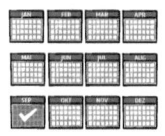

septembrie

Wrzesień

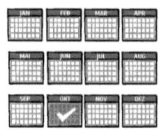

octombrie

Październik

noiembrie

Listopad

decembrie

Grudzień

forme

Kształty

cerc

Koło

pătrat

Kwadrat

dreptunghi

Prostokąt

triunghi

Trójkąt

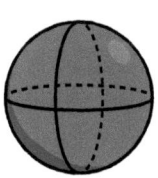

sferă

Kula

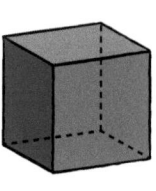

cub

Sześcian

alb

biały

galben

żółty

portocaliu

pomarańczowy

roz

różowy

roşu

czerwony

violet

liliowy

albastru

niebieski

verde

zielony

maro

brązowy

gri

szary

negru

czarny

mult/puțin

dużo / mało

furios/calm

wściekły / spokojny

frumos/urât

piękny / brzydki

început/sfârșit

początek / koniec

mare/mic

duży / mały

luminos/întunecat

jasny / ciemny

frate/soră

brat / siostra

curat/murdar

czysty / brudny

complet/incomplet

kompletny / niekompletny

zi/noapte

dzień / noc

mort/viu

umarły / żywy

lat/strâmt

szeroki / wąski

comestibil/necomestibil

jadalny / niejadalny

rău/prietenos

zły / uprzejmy

emoționat/plictisit

podniecony / znudzony

gras/slab

gruby / chudy

primul/ultimul

najpierw / na końcu

prieten/inamic

przyjaciel / wróg

plin/gol

pełen / pusty

tare/moale

twardy / miękki

greu/ușor

ciężki / lekki

foame/sete

głód / pragnienie

bolnav/sănătos

chory / zdrowy

ilegal/legal

nielegalny / legalny

inteligent/stupid

inteligentny / głupi

stânga/drepta

lewo / prawo

aproape/departe

bliski / daleki

nou/uzat

nowy / używany

nimic/ceva

nic / coś

bătrân/tânăr

stary / młody

pornit/oprit

włącz / wyłącz

deschis/închis

otwarty / zamknięty

încet/tare

cichy / głośny

bogat/sărac

bogaty / biedny

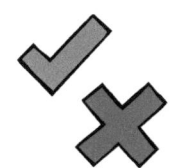

corect/fals

prawidłowy / błędny

aspru/neted

chropowaty / gładki

trist/fericit

smutny / szczęśliwy

lung/scurt

krótki / długi

încet/repede

powolny / szybki

ud/uscat

mokry/suchy

cald/rece

ciepły / chłodny

război/pace

wojna / pokój

0

zero

zero

1

unu

jeden

2

doi

dwa

3

trei

trzy

4

patru

cztery

5

cinci

pięć

6

şase

sześć

7

şapte

siedem

8

opt

osiem

9

nouă

dziewięć

10

zece

dziesięć

11

unsprezece

jedenaście

12
douăsprezece

dwanaście

13
treisprezece

trzynaście

14
paisprezece

czternaście

15
cincisprezece

piętnaście

16
șaisprezece

szesnaście

17
șaptesprezece

siedemnaście

18
optsprezece

osiemnaście

19
nouăsprezece

dziewiętnaście

20
douăzeci

dwadzieścia

100
o sută

sto

1.000
o mie

tysiąc

1.000.000
un milion

milion

engleză

Angielski

engleză americană

Angielski amerykański

chineza mandarină

Chiński mandaryński

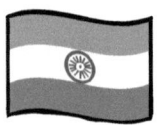

hindi

Hindi

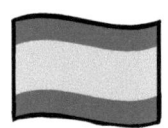

spaniolă

Hiszpański

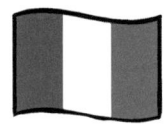

franceză

Francuski

arabă

Arabski

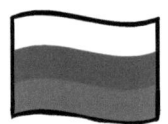

rusă

Rosyjski

protugheză

Portugalski

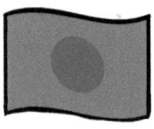

bengaleză

Bengalski

germană

Niemiecki

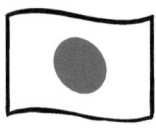

japoneză

Japoński

eu
·········
ja

tu
·········
ty

el/ea
·········
on / ona / ono

noi
·········
my

voi
·········
wy

ea
·········
oni

cine?
·········
kto?

ce?
·········
co?

cum?
·········
jak?

unde?
·········
gdzie?

când?
·········
kiedy?

nume
·········
Nazwisko

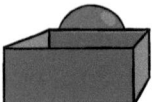

în spate

za

în

w

înainte

przed

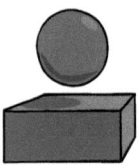

peste

powyżej

pe

na

sub

pod

lângă

obok

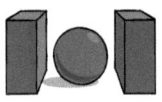

între

między

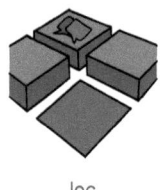

loc

Miejsce